Fleurs forestières de printemps

Hélène Casanova

Fleurs forestières de printemps

LE LYS BLEU
ÉDITIONS

ISBN : 979-10-377-7804-8

À Hermès

Aimer c'est reconnaître la valeur de ce qu'on ne pourra jamais connaître.

Sylvain Tesson, *Dans les forêts de Sibérie*

Introduction

Ce recueil est le fruit d'une rencontre entre une certaine situation historique et mon goût pour la contemplation. Le 18 mars 2020, le monde s'est arrêté en 24 h, mis à genoux par le coronavirus. À la faveur d'un pas de côté, je trouvai refuge dans le village cerdan de Bolquère où j'entrepris un voyage immobile. Ouvrant les guides botaniques de la région, j'ai découvert dans ce microcosme une nouvelle projection du temps dans l'espace : l'observation concrète des petits éléments, du grain des étamines, de la texture des feuilles, de leur disposition, me fut une révélation. Sur les sentiers forestiers, les nuances subtiles et les contrastes feutrés ont éveillé mes sens. Peu à peu, j'appréhendais d'insignifiantes différences.

Je classai en fonction des milieux, des feuilles et des fleurs mes descriptions en octosyllabes que je rimai librement. J'incorporai les termes techniques du vocabulaire botanique dont je rehaussai les singularités. Les répétitions de ces mots et les cascades d'adjectifs scientifiques ne m'ont pas arrêtée. J'ai souhaité proposer une vision précise, sans rien recomposer et sans qu'aucune fantasmagorie de plume ne s'interpose.

En lisant, en écrivant, les harmoniques se sont affinées et les mots sont entrés en résonance.

En 2022, j'ai repris les rythmes et l'ordre des mots. Cela a produit des élisions heureuses, une sorte de nettoyage. J'ai déplacé parfois des fragments.

Je suis allée à la rencontre des fleurs, me suis assise à côté d'elles et les ai photographiées avec amour.

En voici le florilège.

Hélène Casanova, le 24 juillet 2022

1
La dent-de-chien

Dans les sous-bois les clairières
Des Pyrénées des Corbières
La fonte des neiges sourit
À l'érythronium dent-de-chien
Tapie sous les herbes jaunies
De part et d'autre du chemin
Affleurent feuilles opposées
D'un brun rougeâtre panachées
C'est une des fleurs du printemps
Plante vivace à bulbe blanc
Sur la tige une fleur penchée
Les pétales roses violets

2
L'anémone hépatique

Sous le couvert de nos forêts
Dans les broussailles ombragées
Comme au soleil près des rochers
Sur un sol glaiseux ou calcaire
Pousse au printemps sa messagère
Une anémone hépatique
Cette fleur têtue est unique
Surnommée « petite effrontée »
Blanche rose ou bien violacée
Depuis la souche fibreuse
Vient une plante duveteuse
Sur sa longue tige perchée
Solitaire à l'extrémité

3
La potentille du printemps

Dans les sols calcaires arides
Pelouses sèches landes vides
En tapis dense bien souvent
La potentille du printemps
Va rampante s'enracinant
Se multipliant par semis
Entre mars et juin fleurit
Feuilles brillantes vert foncé
Spatulée aux bords dentés
La face inférieure poilue
Leurs extrémités sont pointues
Sept folioles oblovales
Dispersées sous forme d'étoile
Aux cymes lâches pauciflores
Des étamines jaune d'or

4
Potentille à petites fleurs

Le long des chemins des sentiers
Pelouses sèches des forêts
Buissons et rochers sont cachettes
D'une fleur vivace et discrète
Des poils mous poussent étalés
Sur la très courte tige grêle
De fines feuilles rapprochées
Comme pétioles et pédicelle
Petite fleur cachée et rare
À l'inflorescence unipare
Des bois humides des lisières
Elle aime l'ombre et la lumière

5
Le tussilage

Parmi les herbes des fossés
Au soleil des débuts d'année
Filius ante patrem fleurit
Sans que ses feuilles soient sorties
D'un jaune vif assez joli
Le tussilage d'Europe d'Asie
Est une espèce pionnière
Amie des rives des gravières
De février jusqu'en avril
Des feuilles centrales fertiles
Aux terrains vagues remués
Une plante médicinale
Sur les friches rudérales
De multiples fleurs minuscules
Les tiges florales courbées
Portent un seul capitule
Aux aigrettes graines produisent
Une fois qu'elles défleurissent
Dans le vent prêtes à voler

6
L'anémone Sylvie

Dès les premiers jours du printemps
Dans les montagnes landes haies
Se développe lentement
Une fleur pérenne herbacée
Prenant le temps de s'installer
S'épanouissant jusqu'en mai
Au mois de mars quand sonne l'heure
Aguiche premiers butineurs
Les syrphes les coléoptères
Elle réfléchit la lumière
De forêts anciennes de feuillus
Quand chênes et hêtres sont nus
L'anémone Sylvie fleurit
Les fleurs isolées au sommet
Sont bordées d'un rouge léger
Au ras du sol des prairies
Sous-bois de chênes de hêtraie
Tamis où naissent les ombrages
Avant le retour du feuillage
Rhizome cassant et charnu
Elle recouvre la terre nue

7
La corydale creuse

À la lisière des forêts
Aux sous-bois humides et frais
Pousse une fleur la corydale
Couleur violette rose pâle
Quelquefois blanche ou bien pourprée
Aux talus des chemins d'accès
Elle aime aussi les endroits chauds
Les sols riches en minéraux
Graines dans un fruit allongé
Par les fourmis disséminées
En forme de gousse pointue
Unique aux forêts de feuillus
Sans aucun couvert forestier
Grappe de fleurs éperonnées
Violettes le plus souvent
Vont s'élargissant vers l'avant

8
La pulmonaire saupoudrée

Dans les sous-bois parcs et haies
Aux sols humides ou drainés
La pulmonaire saupoudrée
Apprécie l'ombre et la fraîcheur
Ses feuilles poussent après les fleurs
Elle fleurit d'avril à mai
Sans aucun couvert forestier
Quelquefois blanche ou bien pourprée
Rougeâtre aussi en bouquets
Des étamines hérissées
Légèrement rudes au toucher
Elle est ventrue et fructifère
La pulmonaire est mellifère
Couleur violette rose pâle
C'est une méridionale

9
Le coucou des bois

Aux talus et aux sous-bois clairs
C’est à la faveur d’un redoux
Aux forêts des bords de rivière
Près de leur lit de ses remous
Que pousse le coucou des bois
Un grand tube allongé étroit
Il s’épanouit jusqu’en mai
Aux lisières aux prés ombragés
Inodore de couleur claire
Les fleurs sont toutes penchées
Petites à hampe dressée
Calice aux angles vert foncé
Pour des pétales échancrés
Pédoncule floral ouvert
Pour cette fleur de primevère

10
La soldanelle

Sous la neige suintante
Feuilles coriaces et luisantes
La soldanelle une éricale
Pousse parmi les rocailles
Dans les sols très mouillés
Une terrestre crénelée
La jupette bleue découpée
Aux lanières violacées

11
Le bois-gentil

Aux rocailles aux éboulis
Le bois-joli ou bois gentil
Fleurit herbacé au printemps
Feuilles vertes luisantes
Aussi fibreuses que résistantes
Tige flexible et ramifiée
Des fruits rouges à maturité
À la base nue et charnue
À l'extérieur en croix velus

12
Violette des rocailles

Aux pelouses sèches rocailles
Lieux sablonneux des montagnes
Elle fleurit jusqu'en juillet
La tige courte est cachée
Une membrane réfléchie
Que disséminent les fourmis
Petites feuilles crénelées
Obtuses en cœur sont frangées
D'un bleu pâle inodore
Dentée non frangée sur les bords
Prolongée par un éperon
Une vivace rare et dense
Qui attire et récompense
Les abeilles et les bourdons

13
Narcisse

Aux forêts humides aux prés
Elle fleurit de mars à mai
Des fleurs premières du printemps
Elle défleurit rapidement
Aux sols pauvres en colonies
Aux bois rocailles et prairies
Une étoile jaune pâle
Aux étamines inégales
Par les abeilles pollinisée
Sur une couronne évasée
Par ses pores s'ouvrent anthères
C'est une fleur de lumière

14
La gentiane des Alpes

Avant le début de l'été
Pousse une fleur solitaire
Aux forêts d'altitudes claires
Elle fleurit d'avril à juillet
Obtuses les dents du calice
De la gentiane acaulis
Ses larges feuilles opposées
Sessiles aiment l'humidité
De cils sa corolle est frangée
Les fleurs isolées au sommet

Sources

- *Fleurs des Pyrénées*, Déplipoche, Éditions OUEST-France, 2016.

- *Fleurs des Pyrénées*, ARTÉMIS éditions, 2016.

- *Fleurs des Pyrénées*, Philippe Mayoux, RANDO éditions, 2013.

- *Nouvelle flore coloriée de poche des Alpes et des Pyrénées*, Séries II et III, Charles Flahault, Léon Lhomme Éditeur, 1912.

- *La vie au cœur de la forêt,* Peter Wohlleben, Guy Trédaniel éditeur, 2016.

- *À quoi pensent les plantes ?* Jacques Tassin, Odile Jacob sciences, 2016.

- *L'intelligence des fleurs,* Maurice Maeterlinck, Eugène Fasquelle Éditeur, 1907.

- *Petite flore de France*, Régis Thomas, David Busti, Margarethe Maillart, Belin Éditions, 2016.

- *Naturellement, Anthologie de poèmes sur la nature,* Jean-Marie Henry, Éditions Rue du Monde, 2015.

- *Histoire de la botanique*, Joëlle Magnin-Gonze, Éditions Delachaux et Niestlé, 2015.

- *How trees can talk to each other*, Suzanne Simard, TED transcript, 2016.

- *Entretiens, Julien Gracq,* Éditions José Corti, 2002.

- *Dans les forêts de Sibérie*, Sylvain Tesson, Gallimard, 2011.

Table des matières

Imprimé en Allemagne
Achevé d'imprimer en novembre 2022
Dépôt légal : novembre 2022

Pour

Le Lys Bleu Éditions
40, rue du Louvre
75001 Paris

LE LYS BLEU

ÉDITIONS